Una mujer cuelga del calendario

A Woman Hangs from the Calendar

SOBREVIVO

Colección de Poesía

Poetry Collection

I SURVIVE

Kenny Rodríguez

UNA MUJER CUELGA DEL CALENDARIO

A WOMAN HANGS FROM THE CALENDAR

Translated by Diana Conchado

Nueva York Poetry Press®

Nueva York Poetry Press LLC
128 Madison Avenue, Oficina 2RN
New York, NY 10016, USA
Teléfono: +1(929)354-7778
nuevayork.poetrypress@gmail.com
www.nuevayorkpoetrypress.com

Una mujer cuelga del calendario
A Woman Hangs from the Calendar

© 2023 Kenny Rodríguez

ISBN-13: 978-1-958001-45-5

© Contraportada:
Juana M. Ramos

© Colección *Sobrevivo* vol. 5
Homenaje a Claribel Alegría
Poesía social

© Dirección de colección:
Marisa Russo

© Edición:
Francisco Trejo

© Diseño de colección y cubierta:
William Velásquez Vásquez

© Fotografía: Juana M. Ramos

Rodríguez, Kenny
Una mujer cuelga del calendario / A Woman Hangs from the Calendar/ Kenny Rodríguez.
1a ed. New York: Nueva York Poetry Press, 2023 170 p. 5.25 x 8 inches.

1. Poesía salvadoreña. 2. Poesía centroamericana. 3. Poesía latinoamericana.

UNA MUJER CUELGA DEL CALENDARIO:
LA IMPUNIDAD COMO PROBLEMA SISTÉMICO

Juana M. Ramos

York College

The City University of New York

Siempre he dicho que comentar la obra poética de un amigo o de una amiga resulta una tarea casi titánica, dado que quien comenta debe, necesariamente, ponerse los zapatos de crítico literario y desprenderse de cualquier barrunto de cariño y camaradería, y batirse a duelo con el texto poético.

Es eso, precisamente, lo que he intentado hacer en esta breve reseña sobre *Una mujer cuelga del calendario*, poemario que, a partir de su título, una exquisita pero aterradora imagen, le anuncia al lector una suerte de reincidencia que este podrá comprobar al escudriñar su interior. El poemario consta de 34 textos, escritos, como lo ha dicho la autora en otras ocasiones, entre 2008 y 2016. Los poemas llevan por títulos fechas que anticipan noticias de feminicidios trasladadas al territorio de la poesía. Esta desterritorialización de la noticia periodística y televisiva (que en ocasiones puede adquirir tintes amarillistas) le permite a Kenny Rodríguez hacer una disección de la realidad que ocupa a la sociedad salvadoreña (y global, he aquí la relevancia y validez del poemario) desde otro registro: el del discurso poético. Esta discursividad permite que el lector se vea frente a frente con esas aristas que la voz poética pone sobre la mesa y que le muestra una interpretación de esos crímenes que representan el miedo, el dolor, la impunidad y la revictimización de las mujeres y de los sujetos subalternos que pueblan el poemario. Los poemas inician con un epígrafe, en su mayoría *in memoriam*, que rescata de la anonimia a las víctimas de la violencia social. Es el texto poético el espacio en el que conoceremos más sobre ellas, en el que dejarán de ser simplemente "carpetas apiladas". Por otro lado, la voz poética, cuya mirada está expectorada en esos cuerpos sobre los que el sistema patriarcal ha ejercido y potenciado toda su violencia, se entiende también vulnerable dada su naturaleza, el ser mujer, o, como ella misma apunta en "8 de marzo", el haber nacido "hembra". En dicho poema, en el que la voz poética nos remite al "no se nace mujer, se llega a serlo" de Simone de Beauvoir, pone de manifiesto el falogocentrismo occidental del que como sociedad somos presa: "Nacimos en el globo absoluto del miedo / de quienes nos parieron / de quienes tiñeron su corazón de espanto / de quienes nos llamaron 'hembras'" (vv. 9-12). Se nace, por tanto, en una sociedad que condena a las mujeres a partir de su naturaleza biológica, que las entiende ciudadanas de segunda clase.

En este orden de ideas, encontramos en este cuaderno poético subjetividades doblemente marginales y marginadas, esas que vemos corporeizadas en el hombre travesti y de las cuales da cuenta el poema "20 de junio". Aquí, el imaginario y el sistema patriarcales se hacen presente al "castigar" a quienes consideran "disidentes" por transgredir las normas del heteropatriarcado, de una sociedad cristiana, excluyente y represora, por lo que el yo poético nos advierte que dicho asesinato está justificado: "Los motivos aparentes justifican / la ponzoña de la ejecución / la muerta es hombre disfrazado de mujer" (vv.1-3). El yo lírico ha optado por llamarle "ejecución" al asesinato, lo que podría interpretarse como un "ajusticiamiento" por "traicionar" los valores cristianos y conservadores de una sociedad recalcitrante. A su vez, la voz poética recurre a la anáfora para enfatizar la crudeza del crimen, lo que ha calificado como "ponzoña": "y se la violaron / y se la clavaron / y se la cobraron completita" (vv.24-26), y que apunta a una suerte de feminización del cuerpo masculino, que merece que se le castigue de la misma forma que a las mujeres. Hay, pues, una doble otredad que requiere de un castigo aun más severo. De esta forma, el sistema reitera su poder. No podemos dejar pasar el uso del diminutivo, "completita", para magnificar la dureza del castigo, pero también usado de forma despectiva para expresar sorna, burla e incluso una suerte de regodeo, de sadismo.

Ahora bien, la impunidad también se pasea por el poemario y nos recuerda que ni siquiera las niñas están a salvo de la violencia de género. En "24 de septiembre", poema dedicado a Katya Miranda, Rodríguez recurre nuevamente a la anáfora para recalcar las falencias del sistema judicial. El sustantivo "impunidad" aparece nueve veces, distribuido en tres estrofas del poema, que consta en su totalidad de cuatro estrofas. En la primera estrofa, la palabra "impunidad" está acompañada de adjetivos, mientras que en la segunda y en la cuarta va seguida de sustantivos. Aquí, quiero referirme al "dinamismo sintáctico" sobre el que teoriza Carlos Bousoño y de qué forma la sintaxis elegida por Rodríguez emerge del contenido o, al menos, del propósito que dicho contenido tiene en el poema. Para Bousoño, el "dinamismo sintáctico" puede "ser un instrumento muy directo de poesía; es decir, puede actuar expresivamente" (236). El estudioso apunta dos tipos de dinamismo sintáctico: uno positivo, que le imprime celeridad o rapidez a la frase y uno negativo, que le imprime lentitud (237). Así, para Bousoño, en el dinamismo positivo encontraremos "palabras que aportan nociones nuevas al discurso" y en el dinamismo negativo palabras "que simplemente reiteran o modifican de un modo u otro, nociones anteriores..." (238). La sintaxis del poema en cuestión presenta ambos tipos de dinamismo. La voz poética dirá: "impunidad negra / impunidad profunda / impunidad fecunda / impunidad irascible" (vv. 3-6). Los adjetivos ("negra", "profunda", "fecunda", "irascible") en la estructura anafórica recalcan esa impunidad enquistada en el sistema y en la sociedad misma. Es una impunidad que no permite aclarar y cerrar el ciclo de feminicidios, es una impunidad que se reproduce día a día, es una impunidad que produce impotencia y rabia en las familias de las asesinadas y vejadas. Con dicha estructura, Rodríguez logra que el lector transite lentamente por esos versos, que desacelere el paso, que contemple los vicios y las fallas del sistema, y le advierte que la justicia no habrá de llegar. Por otra parte, la anáfora en la cuarta estrofa: "impunidad iglesia / impunidad estado / impunidad familia" (vv. 28-30) denota una suerte de rapidez, los sustantivos vis à vis, sin intermediarios, enuncian, de forma casi telegráfica, un dato fundamental para entender dicha impunidad, aportan un conocimiento nuevo al lector: el problema es el sistema mismo y todos sus aparatos. Al yo poético le urge que el lector comprenda esto y actúe.

Muchos son los temas por explorar en este ejercicio poético que nos regala Kenny Rodríguez. En comunión con el lenguaje transparente y crudo que visibiliza la violencia social, los feminicidios, la transfobia y la impunidad, Rodríguez echa mano de recursos retóricos que hacen que la forma hable tanto como el contenido.

Nueva York, junio de 2022

Obras consultadas

Bousoño, Carlos. *Teoría de la expresión poética.* Editorial Gredos, 1966.

Rodríguez, Kenny. *Una mujer cuelga del calendario.* Chifurnia Libros, 2020.

A WOMAN HANGS FROM THE CALENDAR: THE PROBLEM OF SYSTEMIC IMPUNITY

Juana M. Ramos
York College
The City University of New York

I have often said that commenting on the poetic work of a friend is an almost Herculean task, since whoever attempts it must, of necessity, don the hat of literary critic, discard any hint of affection and camaraderie, and fight a duel with the poetic text.

This is precisely what I have tried to do in this brief review of *A Woman Hangs from the Calendar,* a collection of poems that, based on the exquisite but terrifying image of its title, announces to the reader a kind of recidivism that is immediately evident upon scrutinizing its content. The collection of poems consists of 34 texts, written, as the author has mentioned on other occasions, between 2008 and 2016. The poems have as titles dates that correspond to news of femicides transferred to the territory of poetry. This deterritorialization of journalistic and television news (which can sometimes border on yellow journalism) allows Kenny Rodríguez to dissect the

15

reality of Salvadoran and even global society (hence the relevance and validity of the poems) from another register: that of poetic discourse. This discursiveness allows readers to find themselves face to face with the issues that the poetic voice raises as it interprets the crimes in terms of fear, pain, impunity and the re-victimization of women and the subaltern subjects that populate this collection. The poems begin with an epigraph, mostly *in memoriam*, which rescues the victims of social violence from anonymity. This poetic text is the space where we will learn more about them, where they will cease to be simply "file folders". On the other hand, the poetic voice, whose gaze is expectorated on those bodies on which the patriarchal system has enacted and promoted all its violence, is also understood to be vulnerable given its nature as a woman, or, as she herself points out in "March 8th", as a result of being born "female". This poem, in which the poetic voice makes reference to Simone de Beauvoir's statement "you are not born a woman, you become one", highlights the Western phallogocentrism of which as a society we are prey: "We were born in the absolute orb of fear / of those who gave birth to us / of those who stained their hearts with dread / of those who called us 'females'" (vv. 9-12). One is born, therefore, in a society that condemns women based on their biological nature and that considers them second-class citizens.

Along these same lines, we find in these poetic compositions doubly marginal and marginalized subjectivities, those that we see embodied in the transvestite man of which the poem "June 20th" gives an account. Here, the patriarchal imaginary and system are present, as they "punish" those who are considered "dissidents" for transgressing the rules of heteropatriarchy, of an exclusivist and repressive Christian society, and so the subject voice warns us that the murder is justified: "The apparent motives justify / the venomous execution / the dead woman is a man disguised as a woman" (vv. 1-3). The subject voice has chosen to call murder "execution", which could be interpreted as an "execution" for "betraying" the Christian and conservative values of an intransigent society. In turn, the poetic voice resorts to anaphora to emphasize the harshness of the crime, which is described as "venomous": "and they raped her / and they nailed her / and they made her pay for every last little bit of herself" (vv. 24-26), and that points to a kind of feminization of the male body that deserves to be punished in the same way as women. There is, then, a double otherness that requires even more severe punishment. In this way, the system reaffirms its power. We cannot fail to mention the use of the diminutive, *"completita"* ("every last little bit") that magnifies the harshness of the punishment, while also expressing scorn, mockery and even a sort of gloating sadism.

However, the theme of impunity is also very present in this collection of poems and reminds us that not even young girls are safe from gender-based violence. In "September 24th", a poem dedicated to Katya Miranda, Rodríguez once again uses anaphora to highlight the shortcomings of the judicial system. The noun "impunity" appears nine times, distributed in three stanzas of the poem, which consists of a total of four stanzas. In the first of these, the word "impunity" is accompanied by adjectives, while in the second and fourth it is followed by nouns. Here, I will refer to Carlos Bousoño's theory of "syntactic dynamism" and how the syntax chosen by Rodríguez emerges from the content or, at least, from the purpose that this content has in the poem. For Bousoño, "syntactic dynamism" can act expressively in the text so that it becomes a very direct poetic device (236). The scholar identifies two types of syntactic dynamism: a positive one, which speeds up the phrase, and a negative one, which slows it down (237). Thus, for Bousoño, with positive dynamism we find words that contribute new ideas to the utterance, and with negative dynamism, we are dealing with words that do not contribute new ideas, but that tend to modify or reiterate thoughts that have already been expressed (238). The syntax of the poem in question presents both types of dynamism. The poetic voice states: "dark impunity / deep impunity / fertile impunity / irascible impunity" (vv. 3-6). The adjectives ("dark", "deep", "fertile", "irascible") in the anaphoric structure emphasize the impunity entrenched in the system and in society itself. It is an impunity that does not permit the investigation and closure of the cycle of femicides, it is an impunity that is reproduced day after day, it is an impunity that produces impotence and anger in the families of those murdered and abused. With this structure, Rodríguez succeeds in making the reader move slowly through these verses, slowing down the pace, contemplating the vices and failures of the system, and warning us that justice will not come. On the other hand, the anaphora in the fourth stanza: "church impunity / state impunity / family impunity" (vv. 28-30) suggests a kind of speed; the juxtaposed nouns, without intermediaries, enunciate, almost telegraphically, a fundamental piece of information with which to understand such impunity. They provide new knowledge to the reader: the problem is the system itself and all its institutions. For the subject voice it is crucial that the reader understand this and act.

There are many themes to explore in this important collection of poems that Kenny Rodríguez offers us. In communion with the transparent and crude language that makes social violence, femicides, transphobia and impunity visible, Rodríguez's skillful manipulation of language make the form of her verses speak to us as much as the content.

New York, June 2022

Translated by Edna G. Pérez

Works Cited

Bousoño, Carlos. *Teoría de la expresión poética.* Editorial Gredos, 1966.

Rodríguez, Kenny. *Una mujer cuelga del calendario.* Chifurnia Libros, 2020.

AÑO NUEVO

Días ha marché en pos
de este mandato
esperar fue un continuo
visión sangre dolor
espejismo muerte angustia
signos mezclados en insomne rebelión
desencadenando su amargura

Palabras fundidas
fechas
cual metal ardiente
marcan el calendario
no hay calma ni refugio
ni sal   ni arena
ni emanación más fétida
letras arrancadas de las manos
a edictos del alma
que se agrupan en la noche
que recién comienza.

NEW YEAR

It's been days since I set out
on this mission
waiting was a continuum
vision blood pain
delusion death anguish
signs mingled in sleepless rebellion
unleashing their bitterness.

Molten words
dates
like smoldering metals
mark the calendar
there is no calm or refuge
or salt or sand
or more foul-smelling excretion
letters wrenched from my hands
by the soul's decree
gather in the night
that is just beginning.

I

El Salvador
sumergida en tus desagües
la palabra apuntala desperdicios
presencias arrancadas
del silencio que te nutre
impunidad que te cobija
desde los cuatro costados.

Nombres cuyas letras desgastadas
sobreviven en carpetas apiladas
en el continuo sobre averiguar
de tus heridas.

El Salvador
profundas fechas salpicadas
indiferencia confabulación sangre
decorando tus sagradas instituciones
muerte habitando tus regiones
números seccionando territorios.

El Salvador
desempolvo presencias y voces
mis hermanas silenciadas
desaparición y muerte multiplicadas
hurgo en nombre ajeno
denuncio el coqueteo
complicidad corrupción
atravesando tu costado.

I

El Salvador
submerged in your sewers
words prop up the remains
existences torn from
the silence that feeds you
impunity that shelters you
on all four sides.

Names whose worn out letters
survive in file folders piled up
in the unending scrutiny
of your wounds.

El Salvador
deeply felt dates scattered
indifference   collusion   blood
decorate your sacred institutions
death inhabits your regions
numbers section off territories.

El Salvador
I dust off existences and voices
my silenced sisters
disappearance and death multiplied
I probe in the name of others
I denounce the posturing
the complicit corruption
that penetrates your flank.

II

Mi país.
Íntegro arquitecto
de la eterna sepultura
ingresando triunfante
en los sangrantes inventarios.

Mi país.
Los números prohibidos
demarcando geografía
tus trece y tus dieciocho
muertas y muertas sin dejar rastro.

Mi país.
Desfilando en lila morado dos veces por año
domesticando rebeldías
despilfarrando cuerpos
maquillando informes.

Mi país.
Ausencias obligadas
hijas de la migración
ultrajadas cercenadas desaparecidas.

II

My country.
Dedicated architect
of the eternal tomb
triumphantly documenting entries
in registers of blood.

My country.
Forbidden numbers
delineate geography
your thirteen and your eighteen
more and more dead women
who don't leave a trace.

My country.
Parading about in deep purple twice a year
quashing rebellions
squandering bodies
falsifying accounts.

My country.
Forced absences
daughters of migration
violated   severed   disappeared.

Mi país.
Sus marchas y convocas
sus solidaridades extranjeras
patria muriéndose a mares
en esta absurda muerte
que nos bautiza.

Mi país.
Asaltantes primitivos encorbatados
disputándose gangrenas
en cada proceso electoral.

Mi país.
¿Acaso tengo un país?

My country.
Its marches and assemblies
eliciting foreign sympathy
homeland dying torrentially
in this absurd death
that baptizes us.

My country.
Primitive thugs wearing ties
vying for gangrene
in each election cycle.

My country.
Do I even have a country?

16 DE ENERO

(Sin identificar)

El miedo muerde las uñas
de la ciudad
y se declara
multitudes pasan a su lado
se abre espacio en las libretas
la parca siempre abona en la clasificación
la frecuencia televisiva
se dispara junto al morbo
como ejército de bestias los noticieros
desnudarán sus culpas
la localidad se relame con las notas
no ha parado de llover
el forense ha reservado un espacio
cinco cadáveres atrás
para llegar hasta la adolescente
con migajas de pan
y café recién cocido
el pueblo se prepara
a convidar a la muerte.

JANUARY 16TH

(Unidentified)

Fear bites the nails
of the city
and makes its presence felt
crowds pass right alongside
it makes room for itself in reporters' notebooks
the reaper always benefits the standings
the television rankings
surge in tandem with morbid curiosity
like an army of beasts the news outlets
will lay bare her sins
the town licks its lips with the news
it has not stopped raining
the coroner has had to reserve a space
five cadavers ago
in order to reach the adolescent girl
with bits of bread
and freshly made coffee
the people prepare
a feast for death.

24 DE ENERO

(Sin identificar)

Ella ha madrugado
sobre el lomo del día
mancha el calendario
silente con sus restos fragmentados
acomoda carne y sangre
en el nuevo
promontorio de basura
la ciudad no le recuerda
le convierte en desconocida
sin embargo la dibuja pálida fría
la muerte garabateando pincelazos
besa sus labios
se sonríe desdentada
marca los titulares.

Ella fotografiada sin cesar
desde los resplandores cercenada
su aroma viciado inunda
deslizando las narices citadinas
con muecas delirantes
gana el encabezado
no habrá flores   ni cruz
ni nombre   ni apellido

JANUARY 24TH

(Unidentified)

She has woken early
the dawn at her back
she stains the calendar
silently with her fragmented remains
settles flesh and blood
on the new
promontory of refuse
the city does not remember her
it turns her into a stranger
and yet draws her pale   cold
death with scribbling brush strokes
kisses her lips
smiles toothless
makes note of the headlines.

Photographed incessantly
she is severed by the glare
her tainted aroma overwhelms
as it glides by urban noses
with delirious grimaces
she makes the headlines
there will be no flowers   no cross
neither a name   nor a surname

la media silueta apenas pinta
una cifra
un número
un silencio.

the half silhouette barely depicts
a digit
a number
a silence.

5 DE FEBRERO

En memoria de Celia Daniela Castillo

Sorbos de maldad este domingo
la violencia danza
entre los campos
los niños lavan sus caritas
con las pompas de jabón
limpian la tierra
sin tocar la ruindad
el veneno agazapado
de la edad la codicia
entonan sus coros sencillos
y corren a la cama
sobre sus cabezas
la estampa de un campanario
y una cruz.

Ese no fue un sueño Daniela
afuera luces voraces
sombras sin rostro
un negro bramar sayón
en los cañales
cuatro cuervos despedazan la quietud
en sus garras lanzas de muerte
gritos de plomo
rasgan tu corazón

FEBRUARY 5TH

In memory of Celia Daniela Castillo

On this Sunday sips of evil
violence dances
in the fields
the children wash their little faces
with soapy bubbles
they cleanse the earth
without touching the baseness
the lurking poison
the avarice of the age
they sing their simple tunes
and run to bed
over their heads
the image of a bell tower
and a cross.

That was not a dream Daniela
outside voracious lights
faceless shadows
a black roaring executioner
in the reedbeds
four crows shatter the stillness
in their talons lances of death
leaden screams
tear your heart

no te dormiste
no te despertaste.

Tu cuerpo tibio
enredado entre el rosario
se llevaron tus tres años
atados a la muerte
los ríos los vientos las veredas
nos anuncian los gemidos sordos
muecas ciegas
muertes de niñas
nos engullen todos los demonios.

Tenebrosa sombra del monte
se bautiza esta noche con tu sangre
robándose cualquier indicio
nuestra conciencia duerme
nada queremos saber
de infancias robadas
de inocencias profanadas
cerca nos señala
la simiente rastrera
de las tempestades.

you did not fall asleep
you did not wake up.

Your warm body
entangled in the rosary
they took your three years
and tied them to death
the rivers the winds the sidewalks
testify to the muffled moans
blind grimaces
deaths of girls
we are devoured by every demon.

The dark shadow of the mountain
is baptized with your blood tonight
stealing all proof for itself
our conscience sleeps
we want to know nothing
about stolen childhoods
or defiled innocence
nearby the storms'
creeping seed
points   to   us.

14 DE FEBRERO

En memoria de Roxana Maricela Jiménez Benítez

El grito escala su faringe
espera impaciente el instante
de brotar junto al chorro de sangre
entre bolsas y canastos aguarda
pequeño enjuto
ardientes punzadas de maldad
destilan en sus ojos
pequeños cancerosos instantes
cubren su postura
se lanza peregrino
sobre la silueta femenina
clava su tridente en pleno pecho
una y otra y otra vez.

Multitud de egos saltones
recorren la escena
cuanto por puta se lo merecía
rezan en procesión
el líquido viscoso no ha bastado
iracundo el orgullo
obscenamente calculado
pende aún de la navaja.

FEBRUARY 14TH

In memory of Roxana Maricela Jiménez Benítez

The scream climbs up her pharynx
impatient it waits for the moment
when it will emerge together with the gush of
   blood
between bags and baskets he waits
small scrawny
burning darts of evil
flash from his eyes
short cancerous moments
shroud his stance
he lunges inexpertly
at the feminine silhouette
he thrusts his trident straight into her chest
again and again and again.

A crowd of bulging egos
visits the scene
because she was a whore she deserved it
they recite in procession
the viscous liquid has not been sufficient
irate pride
obscenely calculated
still hangs from the blade.

8 DE MARZO

En memoria de quinientas noventa y dos mujeres asesinadas en 2009

Nacimos en la dinastía
del tiempo maldito
la muerte nos regala
un par de años sin clemencia
la miseria del paisaje
le media vida del linaje
no morimos
ancianas achacosas y satisfechas.

Nacimos en el globo absoluto del miedo
de quienes nos parieron
de quienes tiñeron su corazón de espanto
de quienes nos llamaron "hembras"
y negociaron nuestro sexo
destinado a parir subyugarnos
aunque suene vulgar
y rotundamente antipoético.

Nacimos con la elección de no elegir
de no usurpar las puertas clausuradas
las ventanas cerradas
y aunque intentamos volar
correr nuestros velos
se nos viola y se nos mata

MARCH 8TH

In memory of five hundred ninety-two women murdered in 2009

We were born during the dynasty
of the accursed era
death grants us
a couple of years without clemency
the misery of the landscape
the half-life of lineage
we do not die
as ailing satisfied old ladies.

We were born in the absolute orb of fear
of those who gave birth to us
of those who stained their heart with dread
of those who called us "females"
and negotiated our sex
destined to give birth   to subjugate us
although it sounds vulgar
and utterly antipoetic.

We were born with the choice of not choosing
of not toppling the locked doors
the closed windows
and although we try to fly
and remove our veils
we are raped and we are killed

vestidas de blanco ante el altar
universitarias   adolescentes
se nos mata por mujeres
quebrantadoras   de moral
de idiosincrasias
de ideologías que no distinguen de leyes
ni estratos sociales
que etiquetan la violencia
como privativa   doméstica   pasional y necesaria.

Nacimos en El Salvador del Mundo
mientras la justicia apuñala nuestra fe
abarrotamos los registros familiares
archivamos el desaparecimiento
de nuestra alegría
marchamos multiplicativamente
hacia Medicina Legal
para darle un nombre
a una bala
un golpe
un puñal.

dressed in white before the altar
college girls   adolescents
we are killed for being women
subverters of morality
of idiosyncrasies
of ideologies that make no difference when it
          comes to law
or social class
that label violence
as something private   domestic
committed in the heat of passion
and necessary.

We were born in El Salvador del Mundo
The Savior of the World
while justice impales our faith
we pack the offices of vital records
we file away the disappearance
of our joy
we multiply as we march
to the Office of the Medical Examiner
to give a name
to a bullet
a blow
a dagger.

10 DE MARZO

En memoria de Jacqueline Tatiana Linares Ardón

Lástimas ajenas colgaban del cartón
como fotografías
un temblor entre las manos
amamantado por sus senos
hace dos meses
Tatiana, cuerpecito tibio blanco
pequeño ruiseñor
endulzando la miseria
champa adentro.

El hambre acecha a su costado
clava hondo su puñal
amargo pecho raquítico
que no satisface
dispara el llanto
fecunda odios proscritos
el universo entre láminas
es un hoyo negro.

La nariz entumecida
deambula por la pieza
se deslizan silentes
rocas ácido y fuego cavan tu tumba

MARCH 10TH

In memory of Jaqueline Tatiana Linares Ardón

The sorrows of others hung from the cardboard
       calendar
like photographs
the tremor of hands
suckled by her breasts
two months ago
Tatiana small warm white body
little nightingale
sweetening the misery
within the shack.

Hunger lies in wait at her side
digs its dagger deep
bitter gaunt breast
that does not satisfy
tears spring forth
fertilizing forbidden hatred
the universe within the metal walls
is a black hole.

The numbed nose
wanders around the room
creeping silently
rocks of fire and acid dig your grave

alargadas horas de llanto
un gemido profundo
mil estrellas sangrantes
sobre el suelo oscuro
besan tu frente
nace tu silencio
el heraldo negro viajó
en el brazo de tu padre.

prolonged hours of weeping
a deep moan
a thousand bloody stars
over the dark earth
kiss your forehead
your silence is born
the black herald traveled
on the arm of your father.

7 DE ABRIL

Al menos 158 cementerios clandestinos encontrados desde 2014, con
más de 216 víctimas de la ola de violencia que vive
El Salvador.

La madre se desviste de esperanza
hace meses un fantasma
cuelga de su pecho
en cada cuerpo desconocido
vuelve a tener fe
fermenta su desasosiego
se alivia
se fatiga
cada día en espiral contra la muerte
le ha desdentado la sonrisa
se santigua de fosa en fosa
a lo largo del país
sabe que le falta tiempo.

La madre es laberinto tenebroso
multitud de acertijos
sucios viejos rotos
le confirman a su muerta
aúlla entre los restos esparcidos
espanto y luto desgajan su corazón
embriagado por la pena.

APRIL 7TH

At least 158 clandestine cemeteries have been found since 2014, and in them, more than 216 victims of the wave of violence in which El Salvador lives.

The mother strips herself of hope
it's been months that a ghost
hangs from her breast
each unrecognized body
renews her faith
her disquiet ferments
she is relieved
she is exhausted
each day in a spiral against death
has taken teeth from her smile
she crosses herself from grave to grave
all over the country
she knows her time is running out.

The mother is a shadowy labyrinth
a multitude of riddles
dirty old broken
confirm her girl is dead
she howls among the scattered remains
horror and grief shred her heart
drunken with sorrow.

La madre descomunal interrogante
de boca en boca
de rostro en rostro
de llanto en llanto
¿Dónde está su tumba El Salvador?
La patria completa entona
el salmo contundente de la traición.

The mother a colossal question mark
from mouth to mouth
from face to face
from lament to lament
Where is her tomb, El Salvador?
All the fatherland chants
the resounding psalm of treachery.

22 DE ABRIL

(Sin identificar)

Cabalga sobre el alba
una fragancia fétida dulzona
cabellos pelirrojos
arrancados a destajo
junto al cuello cercenado
el ecuador constriñe tu cintura
la secuencia cortada
dos hemisferios eres
dos puntos cardinales
penetración de mujer
órbitas desoladas
al umbral de la muerte
penetración de mujer
en la boca barro
en el rostro estocadas
penetración de mujer
torso calcinado semienterrado
penetración de mujer
en los labios dormidos
la palabra impronunciable.

APRIL 22ND

(Unidentified)

A fetid cloying fragrance
rides mounted on the dawn
red hair
yanked piece by piece
beside the severed neck
the equator girdles your waist
cleft sequence
you are two hemispheres
two cardinal points
penetration of a woman
deserted eye sockets
at the threshold of death
penetration of a woman
clay in her mouth
stab wounds on her face
penetration of a woman
a charred torso half-buried
penetration of a woman
on her sleeping lips
the unutterable word.

9 DE MAYO

A Marcela Alfonsina

Me desvelo y muero
por las noches
sangro entre sueños
que se deslizan de mi cama
y van siguiendo
el hilo rojo de mi ombligo
que gira y gira
reconociendo rostros
mujeres blancas
morenas
negras
que nacen y crecen
en la hija que me multiplica
que sale a la calle
y es señalada
lapidada por el espanto
que no cubre su rostro
ni se disculpa
de sus atrayentes diecisiete años
que se sube a los buses
y se encuentra perdida
atrapada en los gritos azules
de las asfixiadas
jóvenes en moteles

MAY 9TH

To Marcela Alfonsina

I lie awake and die
at night
I bleed amidst dreams
that slide off my bed
and follow
the red thread that trickles from my navel
as it turns and turns
recognizing faces
white women
dark women
black women
who are born and grow
within the daughter who multiplies me
who steps out
and is noticed
turned to stone by the horror
who doesn't cover her face
or apologize
for her attractive seventeen-year-old self
who takes buses
and finds herself lost
trapped within the blue screams
of the smothered women
the young ones in motels

en piezas de mesón
en cuartos de pensión
con un cordón en el cuello
y mil estrellas en los ojos.

El cielo es poca cosa
muchas son las bestias
mi hija se derrumba
por los barrios
extraviada
salió salió
y nunca regresó
no encontraron su brazo
no existen los ojos
su sonrisa vuela
en las fauces del ave
de rapiña.

Camino con el pecho
descubierto
ella arrojada en las quebradas
mutilada   quemada vapuleada
recorriendo el grito colectivo
con su sexo desgarrado
entre basura
ella lanzada desde un carro
un sueño
un tren
mi hija entre matorrales

in boarding houses
in short-stay rooms
with a string around their neck
and a thousand stars in their eyes.

The sky is but little
the beasts are many
my daughter is overtaken
passing through neighborhoods
she is lost
she went out   she went out
and never returned
they did not find her arm
her eyes do not exist
her smile flies
in the jaws of the bird
of prey.

I walk with
my chest bare
she, tossed into the ravine
mutilated   burned   beaten
journeying through the shared outcry
with her torn sex
among garbage
she, thrown from a car
a dream
a train
my daughter among thickets

desnuda en los caminos
en la muerte.

Sin tocar el polvo
su nombre junto a otros nombres
haciendo fila en la morgue
restando alientos
haciendo muecas
y el miedo
apretando mis ovarios
No
no se postren tras mi llanto
no entonen cánticos funerarios
seré un dolor
un tiempo más
y la edad maldita terminará.

Despierto
y mi hija nuevamente
sale al día.

naked on the roads
in death.

Without touching the dust
her name alongside other names
lined up at the morgue
breath stopped
grimacing
and fear
clenching my ovaries
No
do not prostrate yourselves in the wake of my
          weeping
do not sing funeral dirges
I will be a sorrow
for a little while longer
and the accursed era will end.

I awaken
and my daughter
again steps out into the day.

10 DE MAYO

En memoria de la atleta Alisson Isela Renderos

Detuvieron tu aliento Alisson
y cantamos a tu muerte
con el corazón podrido de vergüenza
arrasada humanidad la nuestra
cuya envidia
emponzoña las sonrisas
no vino el odio jamás
de lugar tan insospechado
tu estandarte
es la muerte murmurando entre recelos
tu lucha será por siempre
el estigma que corroe
todas las competencias.

Asusto mis letras y me hundo
no habrá descanso ni sosiego
maldita ciudad colmada de desprecio
cuyas catacumbas
reclaman el paso cotidiano
de las estudiantes.

Una cama vacía esta noche
engrosará la tempestad
un entreno fallido mañana

MAY 10TH

In memory of the athlete Alisson Isela Renderos

They stopped your breath, Alisson
and we sang to your death
with hearts rotted with shame
ours is a devastated humanity
whose envy
poisons smiles
hate never came
from such an unimagined place
your banner
is death murmuring amid suspicion
your struggle will forever be
the stigma that corrodes
all competition.

My words strike terror and I collapse
there will be neither rest nor peace of mind
cursed city brimming with contempt
whose catacombs
lay claim to the day-to-day footsteps
of student girls.

Tonight an empty bed
will make the storm surge
tomorrow a failed training session

doblegará los cuadriláteros
un llanto lastimero hará
sucumbir las instituciones

Un silencio espeso tras la pena
un espacio inconcluso
abierta herida por siempre
para siempre.

will crush the wrestling rings
a pitiful cry will make
institutions give way.

A thick silence after the sorrow
an unending space
open wound forever
for always.

22 DE MAYO

En memoria de Nancy Beatriz Martínez

I

La bala sale despacio
alegre de conocer la luz del sol
en la gaveta no hay modo
de probar carne
se desliza tranquilamente
ocupa primer sitio en el cargador
se contonea aguardando
en la parabellum nueve milímetros
busca la proximidad
va despistando entre las tumbas
en la bolsa derecha del pantalón
siente la mano temblona
y se prepara.

Nancy camina por el cementerio
mece a su bebé entre los brazos
no reconoce el rostro de la mano temblona
la muerte enreda su cabello
acaricia su mejilla
y dispara.

MAY 22ND

In memory of Nancy Beatriz Martínez

I

The bullet exits slowly
happy to see the light of day
in the drawer there is no way
to taste flesh
it glides calmly
occupies the first spot in the loader
it swaggers as it waits
in the nine millimeter parabellum
it looks for proximity
misleading among the tombs
feels the trembling hand
in the right-hand pants pocket
and gets ready.

Nancy walks through the cemetery
rocking the baby in her arms
not recognizing the face that belongs to the
        trembling hand
death entangles her hair
caresses her cheek
and shoots.

La bala entona su cántico
negro retumbo ensordecedor
rompe el cráneo justo en el lunar
sobre la ceja izquierda
se regocija
un líquido viscoso la retiene
descansa satisfecha de su faena.

The bullet sings its hymn
a deafening black roar
it fractures the cranium right on the mole
over the left brow
it rejoices
a viscous liquid keeps it from falling
satisfied with its work it rests.

II

El pequeño entre las manos convulsas
acunado fuerte sobre el pecho materno
en los estertores de la muerte
calla
a pesar del beso del metal en su bracito
como en una escena suspendida
el bebé espera prudente
y rompe el silencio
luego de la huida
la ciudad dormida
mira sin mirar y borra
cualquier vestigio.

II

The little one held by the convulsed hands
cradled tightly in the death rattle
of the maternal breast
hushes
despite the kiss of metal on his tiny arm
as if in a suspended scene
the prudent baby waits
and breaks the silence
only after the getaway
the sleeping city
looks on without looking and erases
any trace.

7 DE JUNIO

En memoria de Yasaira Lisseth Pineda Delgado
y Gloria Griselda Hernández Ramos

Oculta vereda abajo
la maldad disimula sus colores
el camino es un escondrijo
que saluda la ponzoña con metal y beso
en el pecho desnudo se me hiela el alma
celeste la piel húmeda
cargando la savia infinita
de las innombrables
de las que se fueron y regresan
en cada detonación
en cada golpe
porque no descansan nunca en paz
y van sangrando sobre los matorrales
cultivando dardos rojos
que asesinan la sonrisa
me les sumo
y mis gritos acompasan
el ritmo bullanguero de la noche
diez mortajas aprisionan mi cuello
se desborda la luz
las estrellas nacen de mis ojos.

JUNE 7TH

*In memory of Yasaira Lisseth Pineda Delgado
and Gloria Griselda Hernández Ramos*

Hidden along the sidewalk
evil conceals its colors
the path is a hideout
greeting poison with metal and a kiss
my soul freezes in my naked breast
damp pale blue skin
carrying the infinite lifeblood
of those who cannot be named
of those women who left and return
with each detonation
with each blow
because they can never rest in peace
and go spilling their blood on the thickets
sowing red darts
that murder smiles
I join them
and my screams keep in time
with the rowdy rhythm of the night
ten shrouds tether my neck
light erupts
stars are born in my eyes.

Con honores terminaba el quinto grado
mis letras alcanzaron su descanso
los cuadernos temerosos
se refugian en mi brazo
me deslizo
desde el árbol de jocote
y el regreso a casa
es intemporal
inconcluso
voy a tientas en la lluvia
inundando el rostro
de mi madre.

I was finishing fifth grade with honors
my education reached its resting place
fearful notebooks
take shelter in my arm
as I crawl
from the *jocote* tree
and the return home
is without time
without end
I feel my way in the rain
that floods
my mother's face.

10 DE JUNIO

En memoria de Samuel Sorto López.
A Katherine, Tania, Samantha, Vanessa, Sirena Peña, etc.

Vamos saliendo de la tarde
la penumbra desliza espasmos
sobre la ventana
hay tiempo de sobra para doler desde la raíz
hasta el cansancio
repudiar las experiencias
seguir de frente sin mentiras
ni verdades
legitimar una angustia que no tiene nombres
que huye a los calificativos
y me deja desnuda frente al hoy.

Abrir los noticieros
mujer-hombre   hombre-mujer
desaparecidas   desmembradas
máscara de espanto
en los rostros de las madres
maquillaje sagrado al aguijón
discursos religiosos sobre la salvación
castigo eterno
para la mujer-hombre   hombre-mujer
que negocia y trabaja con su sexo.

June 10th

In memory of Samuel Sorto López.
To Katherine, Tania, Samantha, Vanessa, Sirena Peña, etc.

The afternoon is leaving us
the twilight spills spasms
onto the window
there is more than enough time to ache from
       my roots
until I am weary
deny experiences
continue straight ahead without lies
or truths
validate a nameless grief
that spurns qualifiers
and leaves me naked as I face today.

In the news
woman-man   man-woman
disappeared   dismembered
mask of horror
on the faces of the mothers
sacred cosmetics applied in
goading sermons on salvation
eternal damnation
for the woman-man   man-woman
who deals and works with their sex.

Huestes malditas enfilan desde catedral
colocan la señal de la bestia
en la frente de los "antinatura"
la misma que guardan para sí
fervientemente bajo su disfraz:
a solas hay culpas y marcas
que los delatan frente a los espejos.

Cursed armies march en route from the cathedral
place the mark of the beast
on the foreheads of the "unnatural"
the same one they fervently keep for themselves
under their disguise:
in solitude there is guilt and there are traces
that the mirror exposes.

20 DE JUNIO

En memoria de Salomé Zavala y Carla de la O

Los motivos aparentes justifican
la ponzoña de la ejecución
la muerta es hombre disfrazado de mujer
uñas de los pies esmaltadas
ropa femenina
rumorean confusión
sábana celeste cubre el torso
pelo largo devanado entre lodo
es un hombre disfrazado de mujer
corre el murmullo
se apostaba en las esquinas del camino
coqueta alegre chingona
a la espera de algún cliente
y se la llevaban por horas
y se la llevaban por días
y se la llevaban por semanas
y se la llevaron por siempre
afianzada en el cañón del M-16

Es un hombre disfrazado de mujer
injuria patronal para este pueblo
y se la encontraron "vestida"
y se la llevaron por puta
desde su puesto en el mercado

JUNE 20TH

In memory of Salomé Zavala and Carla de la O

The apparent motives justify
the venomous execution
the dead woman is a man disguised as a woman
painted toenails
feminine garb
rumors feed the confusion
a pale blue sheet covers the torso
long hair spooled with mud
it is a man disguised as a woman
the murmurings circulate
she would take her place at the corner of the road
flirty happy sassy
as she waited for a client
and they would take her by the hour
and they would take her by the day
and they would take her by the week
and they took her for always
secured to the barrel of the M-16.

It is a man disguised as a woman
patron saint of insults for this nation
and they found her "dressed"
and they took her from her stall in the market
for being a whore

y se la violaron
y se la clavaron
y se la cobraron completita
porque era un hombre disfrazado de mujer.

and they raped her
and they nailed her
and they made her pay for every last little bit of
        herself
because it was a man disguised as a woman.

19 DE JULIO

*A las mil cuatrocientas cincuenta personas
desaparecidas entre enero y julio de 2014*

Esta noche
enfermo desapariciones
rostros desconocidos
pululan en mi piel
fiebres que me arrastran
a sus fosas
en el fondo de mi cama nombres
miles de nombres
que sacuden este puto país
en las hondonadas sangre
huesos y piel a la deriva
espacios inconclusos casa adentro
ropa   zapatos   recuerdos
una incertidumbre completa
abrazando nuestras madres
gestos   sonrisas   anhelos
despavoridas migajas del silencio
sin tumba ni retorno
en el clandestino infierno
desesperanza
desde los cuatro puntos cardinales
muertes
despiadado anonimato

JULY 19TH

To the one thousand four hundred and fifty persons
who disappeared between January and July of 2014

Tonight
I sicken from the disappearances
unrecognized faces
swarm on my skin
fevers that drag me
to their graves
deep within my bed names
thousands of names
jolting this fucking country
blood in the caverns
bones and skin adrift
unending spaces within homes
clothes   shoes   memories
complete uncertainty
embraces our mothers
gestures smiles   longings
terrified scraps of silence
without a tomb without return
in a clandestine hell
despair
from the four cardinal points
deaths
merciless anonymity

en cada palmo de tierra
muertes
bautizando nuestro paso.

in every single inch of land
deaths
baptizing our path.

25 DE JULIO

En memoria de Tania Elizabeth Quijano Hernández

Las alcantarillas se bautizan
con la sangre ofrendada por mi estirpe
pronuncian nombres que amanecen
en los labios de las rezadoras
ríos despiadados atraviesan la ciudad
saco mis ojos
en la locura de almacenar las esperanzas
atravieso el país desnuda
desde los cuatro costados
y no duermo
y no como
y el miedo
desfila en mi voz al recordarla
las muertas burlan siempre
los registros nacionales
viajan a ocultarse
en fosas clandestinas
tienen a bien considerar que El Salvador
es un destino de turismo.

JULY 25TH

In memory of Tania Elizabeth Quijano Hernández

The sewers are baptized
with blood sacrificed by my lineage
they utter names that waken to the dawn
on the lips of the women mourners
ruthless rivers traverse the city
I gouge my eyes out
in the frenzy of amassing hope
naked I cross the country
from all four corners
and I do not sleep
and I do not eat
and fear
flaunts itself in my voice as I remember her
the dead women always manage to
outsmart the national registers
they travel to hide themselves
in clandestine graves
thoughtfully taking into account
that El Salvador
is a tourist destination.

3 DE AGOSTO

I

En memoria de Beatriz Mejía y su embarazo truncado

La muerte asoma por cualquier ventana
espía nuestra estirpe
se relame
vaga ciudad abajo
en la puerta del microbús
aprovechándose de los distraídos
que aún contemplan azucenas
y naranjos
en cualquier esquina
les despoja la miseria
se acomoda lo robado en el bolsillo
sube despiadada por la mano
llega a la daga
se enamora del cuello sin collares
observa el escote
se distrae entre los senos nacientes
la mano cobra impulso
hunde su garfio sangrante
en la piel desnuda
el tiempo impone barricadas
en la edad temprana
ella aprisiona su vientre

AUGUST 3RD

I

In memory of Beatriz Mejía and her interrupted pregnancy

Death looms in every window
it spies on our offspring
licks its lips
roams around the city
at the door of the minibus
seizing opportunity while daydreamers
even now contemplate lilies
and orange trees
on any given corner
it robs them of the little they have
places the stolen goods into a pocket
ruthlessly climbs up the hand
reaches the dagger
falls in love with the unadorned neck
notices the cleavage
gets distracted by the budding breasts
the hand gains momentum
plunges its bloody hook
into the bare flesh
time thwarts life
at an early age
she clutches her belly

se detienen las palpitaciones
la cabeza ladeada sobre el cristal
escupe vida
la muerte baja del micro
en la siguiente parada.

the palpitations stop
propped against the windowpane
the head spits out life
death gets off the bus
at the next stop.

II

Viajando en el micro
un líquido rojo espeso
estampa sus últimas muestras
en la suela distraída de miles
de zapatos citadinos.

La muerta estampa
un sello gris en el día
nadie comerá tranquilo
era un asco aquella imagen
la indiferencia
la mudez
propagan una peste prolongada
la ceguera nos persigue
hasta la próxima cita.

II

As it rides the bus
a thick red liquid
stamps its latest impressions
on the distracted soles of thousands
of urban shoes.

Death imprints
a gray seal on the day
no one will eat peacefully
what a disgusting sight that was
the indifference
the silence
breed a lingering pestilence
blindness stalks us
until the next time.

10 DE AGOSTO

En memoria de las hermanas Claudia Yesenia
y Bessy Emeli Méndez García.

El sol escribe un día más
sobre las bóvedas
entre sus lanzas de luz
el viento arrullará
nuestro terror embrionario
flotas
entre las hojas del almendro
una cuerda te sostiene
vas   vienes
en tus ojos tempestades
en la frente una cruz de ceniza
el cuello cercenado
flotas   vas   vienes
el cuerpo horas ha
que desfila en la carroza funeraria
hacia la tumba
flotas   vas   vienes
un mensaje eres
un trueque inacabado
en tu boca dormida
miles de palabras rompen
nuestro perverso silencio
flotas vas   vienes.

AUGUST 10TH

*In memory of Claudia Yesenia
and Bessy Emeli Méndez García, sisters.*

The sun writes one more day
on the celestial vault
between its spears of light
the wind will lull
our embryonic terror
you float
amidst the leaves of the almond tree
sustained by a rope
you come   you go
in your eyes tempests
on your brow a cross of ashes
your neck slit
you float   you come   you go
for hours your body
has travelled by hearse
to your tomb
you float   you come   you go
you are a message
a deal gone bad
in your sleeping mouth
thousands of words shatter
our wicked silence
you float   you come   you go.

24 DE SEPTIEMBRE

En memoria de Katya Miranda

Zalamera justicia nos convoca
tarde polvorienta que relame
impunidad negra
impunidad profunda
impunidad fecunda
impunidad irascible
desata tempestades.

Sangre tuya
bautizando la traición
obsceno sacramento
perfilando nuestro tiempo
tu sexo en pago
como estandarte merodeando
entre niñas y niñas
envenenando las entrañas
señalando la simiente moribunda
de todas las esperanzas.

Vamos por las calles
impunidad asfalto
impunidad tormenta
con tu nombre estallando las gargantas
cuerpos de niñas

September 24th

In memory of Katya Miranda

Servile justice summons us
dusty afternoon relishing
dark impunity
deep impunity
fertile impunity
irascible impunity
unleashes tempests.

Your blood
baptizes the betrayal
obscene sacrament
that defines our days
your sex in payment
like a banner marauding
amidst girls and girls
poisoning their insides
signaling the dying seed
of all hope.

We go through the streets
asphalt impunity
storm impunity
with your name erupting in our throats
bodies of girls

rostros de niñas
sexos de niñas
cotidianas peregrinas de la patria
sepultadas en tu nombre.

Entre enclaves profanos avanzando
impunidad iglesia
impunidad estado
impunidad familia
insignia de este tiempo heraldo
que nos cabalga.

faces of girls
sexes of girls
daily pilgrims from the fatherland
entombed in your name.

Advancing amidst wordly enclaves
church impunity
state impunity
family impunity
emblem of this harbinger time
that bestrides us.

29 DE SEPTIEMBRE

A Margarita Najarro

Por las noches la burla tiembla
el pulso revienta
colgado de mi pena
las frases vedadas
el ayer marchando hacia la nada
entre viejos papeles
hojas sueltas   tinta.

Una mujer polvorienta
se sonríe sentada en el baúl
el dolor escupe
sobre sus sienes
ella atesora lenguajes
profundos de la sangre
señales inequívocas
hilvanadas a su pellejo gris
la historia pende
de su grito estridente.
Nunca silente
nunca gobernable
se desnuda las arrugas
en cada cicatriz
un poema proscrito
huele a podredumbre.

SEPTEMBER 29TH

To Margarita Najarro

At night mockery trembles
hanging from my pain
my pulse bursts
forbidden phrases
yesterday marching towards nothingness
amidst old papers
loose   pages   ink.

A dusty woman
smiles seated on the trunk
pain spits
on her temples
she cherishes ancestral
languages of blood
unmistakable signs
woven into her gray hide
history dangles
from her strident scream.
Never silent
never compliant
she bares her wrinkles
in each scar
an illicit poem
smells of decay.

Ella se marcha
hacia el abismo
y babel la engulle
mil lenguas infernales
saborean su piel.

She heads out
toward the abyss
and babel swallows her
a thousand infernal tongues
savor her skin.

1 DE OCTUBRE

"Un promedio de 6 niñas al día —1 cada 4 horas— son violentadas
sexualmente en El Salvador" (UNFPA).

Amalgama proscrita soy
impunidad y justicia
abren los ojos sorprendidos
usted jugó en mi cuerpo
cuando apenas dibujaba
ilusiones perdidas en un cuaderno
viejo testigo mudo
de nocturnas acometidas
silenciada puño adentro

Debajo de mi almohada
hay un mar
mar negro y podrido
donde oculté mis lágrimas
un secreto silencio
confabulado entre parientes
que me ofrendan a la bestia insaciable
de su promiscua maldad.

Usted debió ser un padre un hermano un abuelo

October 1st

"An average of 6 girls a day—1 every 4 hours—are sexually assaulted in El Salvador" (UNFPA).

I am a forbidden amalgam
impunity and justice
open their eyes in surprise
you played in my body
when I could barely draw
lost illusions in a notebook
old mute witness
to nocturnal assaults
silenced by a fist in my mouth

Under my pillow
is a sea
a black sea of rot
where I hid my tears
a secret silence
a conspiracy between relatives
who offer me to the insatiable beast
of their promiscuous evil.

You should have been a father a brother a
        grandfather

usted debió ser todo lo que dicen los cuentos
las historias el final feliz
usted es la nada
usted es la mierda
usted es la parca que cabalga mis tuétanos
que me preña antes de los trece
usted es la rabia acusadora
levantando su dedo presuroso a condenarme
me golpearon
me largaron
me sangraron las raíces
y en mi bajo vientre
estallan mil auroras rojinegras
estoy sola
estoy mugrienta
sangrante sombra
deambulando en laberintos
¡asesina! me llamaron
¡abortista! me llamaron
y me amarraron bien fuerte

Margarita deshojada fui
desde la niñez
olvidé la risa a golpe limpio
hay vestigios de mi ropa
en el respaldo de esta cama cárcel
barrotes que me esperan sonrientes
cuarenta años y sufro
cuarenta años y caigo

you should have been all that is in the storybooks
the fairy tales the happy ending
you are nothing
you are shit
you are the reaper mounted on my marrow
who impregnates me before I turn thirteen
you are the accusing rage
quick to lift its finger and condemn me
they beat me
they threw me out
they bled my roots
and in my belly
a thousand black-red dawns erupt
I am alone
I am filthy
a bleeding shadow
wandering through labyrinths
assassin! they called me
abortionist! they called me
and they tied me up very tightly

Since childhood
I was a daisy plucked of its petals
I forgot the honest ring of laughter
there are remnants of my clothes
on the back of this jail-bed
bars that await me smiling
forty years and I suffer
forty years and I fall

y me largo
y me asfixio
y me muero
y las niñas de mi mano
atraviesan los infiernos.

Afuera el sol sonríe
mi madre escribe palpitante
en la tapa de mi diario
cumplió catorce ayer
y la he matado
tuve tanto miedo
tuve tantos golpes
tuve tantas noches
encerrada en sus gemidos
con la rabia absoluta de los celos.

Sobre el escritorio
los aplicadores registrarán
aborto y depresión seguida de suicido
perdida infancia soy
perdido expediente
en los confines de este siglo.

and I take off
and I suffocate myself
and I die
and little girls take my hand
as they journey across hell.

Outside the sun smiles
my mother writes throbbing
on the cover of my diary
she turned fourteen yesterday
and I have killed her
I was so afraid
I was so beaten
I spent so many nights
locked inside her sobs
with the sheer rage of jealousy.

At the desk
the authorities will record
abortion and depression followed by suicide
lost childhood am I
lost dossier
within the confines of this century.

8 DE OCTUBRE

En memoria de tres jóvenes decapitadas
encontradas en las carreteras

El día reparte tinieblas
entre el cafetal
viento huracanado
anuncia tempestades insospechadas
las escolares terminan sus faenas
alistan uniformes cuadernos
reciben la bendición
y marchan a la escuela.

Los dioses no alcanzan
a sentarlas en los bancos
las plegarias maternales
nunca logran burlar el nunca
se dispara la agonía
se tiñen de rojo los escapularios
hay tres cuerpos
entre sábanas azules   blancas
que acarician
la piel gélida incolora
tres edades jugando
entre las garras del chacal
el espanto desliza sus noticias
caen las últimas hojas de la tarde

OCTOBER 8TH

In memory of three young girls found
decapitated on the roads

The day diffuses shadows
over the coffee plantation
a howling wind
announces unforeseen storms
the girls finish their chores
gather uniforms   notebooks
receive blessings
and leave for school.

The gods don't get the chance to
seat them on the benches
the maternal prayers
never manage to dodge the never
agony surges
scapularies are tinged with red
three bodies
sheets white and blue
caressing
the colorless icy flesh
three different age groups playing
in the claws of the jackal
horror spills its news
the last leaves of the afternoon fall

las preguntas marchan en tropel
troncos sueltos
cuyos rostros hablarán
extrañas lenguas
hasta despertarnos.

the questions press on in droves
detached torsos
whose faces will speak
in strange tongues
until they wake us up.

17 DE OCTUBRE

A Marcela Alfonsina

La noche agrupa sus fantasmas
el hambre diaria delinque
en esta calle
mientras el noticiero
cierra las tumbas
de las muertas cotidianas,
al otro lado
tu voz
trémula mariposa
acariciando mi oído.

La mesa está vacía
hacia el lado izquierdo
tu recuerdo se rehúsa
a abandonar su asiento,
solo tengo tu voz
cuando mi tristeza
asalta los pagos habituales.

Las cosas siguen igual
el luto multiplica las mujeres
y los motivos aparentes
minimizan el odio desenfrenado
yo sólo tengo tu voz

OCTOBER 17TH

Night gathers its ghosts
daily hunger commits a crime
on this street
while the newscast
seals the tombs
of the women dying every day
on the other side
your voice
trembling butterfly
caresses my ear.

The table is empty
to my left
the memory of you refuses
to leave its seat,
I only have your voice
when my sadness
makes me accost my monthly budget.

Things are still the same
mourning multiplies the women
and the apparent motives
make light of the rampant hate
I only have your voice

y un calabozo en el pecho
donde atrapo últimamente
cualquier escrito
que pretenda escapárseme.

and a dungeon in my breast
where of late I trap
any piece of writing
that tries to get away from me.

2 DE NOVIEMBRE

A Margarita Najarro

Amanece entre la bruma
de noviembre
el dolor atestigua
la certeza de este cuerpo
el naufragio interior
se va instalando
extiende agua
sal   arena   sangre
arde el alma
se quema el corazón
en el pecho un charco helado
se debate mi alegría
mi llanto.

Entre mis dedos los escritos huyen
burlan el destino a su antojo
no hay signos que delaten
la debacle que conspira
entre mis libretas
y el recuerdo.

El tiempo es una catacumba
sangre y vida
gestos primigenios

NOVEMBER 2ND

To Margarita Najarro

Dawn arrives amidst
November's fog
pain is witness to
the truth of this body
the internal shipwreck
settles in
strewing water
salt   sand   blood
soul on fire
heart burning
in my breast a frozen puddle
wrestles with my joy
with my tears.

Pieces of writing flee from my fingers
mocking destiny at their whim
no signs betray
the debacle conspired
by my notebooks
and my memory.

Time is a catacomb
blood and life
primordial gestures

palabras angustiantes arrancadas
entre la locura y el delirio
en el mar gris de las noticias
y la hipocresía reinando
sobre el lomo de los días.

Hay estrellas
que erosionan mi tristeza
miles de fantasmas
que se agrupan
en la hora oscura
de mi noche
mientras la infamia
golpea sobre las letras
de mi nombre.

agonizing words wrenched
from madness and delirium
in the gray sea of news
and the hypocrisy that reigns
over the arc of our days.

There are stars
that erode my sadness
thousands of ghosts
gather
in the dark hour
of my night
while infamy
knocks on the letters
of my name.

23 DE NOVIEMBRE

A Margarita Najarro

No tengo un nombre
con qué calzar la rabia
ni el dolor
sus signos desgastados
amenazan pasado presente futuro.

No hay invierno
que destierre la ponzoña
que sigue a la edad de mis palabras
el sentimiento la vida
enredados entre mis manos
escribiendo sus caminos
mis trayectos.

No hay silencio que cale
tan hondo en esta herida
ni cal que cure su emanación
los guiñapos de mi alma
en levante sobre el viento
como ofrenda arrebatada
a mi sepulcro.

No hay más hechos
que esos que acarician mis libretas

NOVEMBER 23RD

To Margarita Najarro

I have no name
to fit the rage
or the pain
their worn-out signs
threaten past   present   future.

There is no winter
that can banish the venom
stalking the seasons of my words
sentiment   life
entangled in my hands
writing their paths
my journeys.

There is no silence
that can permeate this wound
no lime that can stanch its oozing
the tatters of my soul
blow in the wind
like an offering snatched
from my tomb.

There are no facts
but those that caress my notebooks

estos forajidos pensamientos
que se resisten al destierro.

these maverick thoughts
that refuse to be exiled.

25 DE NOVIEMBRE

En memoria de las desaparecidas...

Sus nombres dolientes
danzando en las pancartas
su ausencia cotidiana
como inmensa muerte
que viaja entre susurros
que no se pronuncia
porque puede desarmarnos

Encuentros clandestinos
preludio de un llanto
que reclama un parentesco
mujeres diversas
fotografía pecho adentro
escarban perplejas
este tiempo inmundo

Madres canasteras campesinas
tortilleras enfermeras panaderas
madres pueblerinas
madres citadinas
arrastrando la desidia del sistema
lanzando espumarajos
que pronto acumulan un caudal
que asfixia las quebradas.

NOVEMBER 25TH

In memory of the disappeared women...

Their mournful names
dancing on placards
their daily disappearance
like an immense death
that travels amidst whispers
that does not speak out
lest it disarm us.

Clandestine meetings
prelude to a lament
that calls for kinship
women from all walks of life
photos pressed against their breast
scavenge these sordid times
dazed.

Mothers who make baskets who make tortillas
who make bread nurses peasant mothers
small town mothers
urban mothers
hauling the apathy of the system
spewing foam
that quickly flows in abundance
and chokes the gullies.

El pueblo carga un paraguas
contra cualquier tipo de chocante realidad
una capa profunda que enajena
cualquier pequeño indicio de humanidad
que amenace por colarse piel adentro.

The people carry an umbrella
that shields against any shocking reality
a heavy cloak that distances
any tiny hint of humanity
as it threatens to get under the skin.

II

Solamente nuestras madres
tienen memoria
se santiguan el día que nacimos
y el día en que desaparecimos
dolor embrionario
alimentado en su carne
nunca certidumbre
nunca cuerpo inerte
nunca tumba
llevan nuestros huesos
en el saco roto del recuerdo

Una larga fila de nombres
edades pieles colores
un inmenso hueco podrido
en cada vientre mancillado
sin dientes
sin garras
para enfrentar al emisario de la parca

Solamente nuestras madres
como maldito emblema de la vorágine
afilada conciencia
hijas espurias contra el sistema
espoleando la justicia que no llega.

II

Only our mothers
remember
they cross themselves the day we are born
and the day we disappear
embryonic aching
nourished by their flesh
never a certainty
never an inert body
never a tomb
they carry our bones
in the tattered sack of memory.

A long row of names
ages complexions colors
a gaping putrid emptiness
in every sullied womb
without teeth
without claws
with which to face the reaper's envoy.

Only our mothers
wretched emblem of the vortex
piercing conscience
illegitimate daughters fighting the system
spurring the justice that does not arrive.

30 DE NOVIEMBRE

En memoria de Camila González

No voy a estar
el dolor en espiral
hunde arpones en la piel
va dejando su huella ruin
sucumben los matices completos
el repiqueteo del cerebro
entona ecos legendarios
ondulan pancartas
rostros ausentes pronunciándose
nombres multitud de nombres
rompen filas
entre nuestras manos
el veneno es una triste ausencia
que amalgama ovarios
húmedas ropas danzan al viento
marchamos
se rompe el orden cotidiano
diluimos el coraje de la espera
entre los andenes dormidos
ojos saltones huyen
de nuestro encuentro
transeúntes ignorando nuestro paso
la justicia suelta sus serpientes
tiempo caracol que escupe podredumbre
sobre las ausencias.

NOVEMBER 30TH

In memory of Camila González

I will not exist
a spiral of pain
sinks spears into her flesh
leaving its vile trace
the details all succumb
the clatter of the brain
sings ancient echoes
placards waving
absent faces speaking out
names a multitude of names
break ranks
in our hands
the poison is a sad absence
that bonds ovaries
damp clothes dance in the wind
we march
daily routine is interrupted
we dilute the rage caused by the wait
along the sleeping sidewalks
bulging eyes flee
from meeting us
passersby ignore our steps
justice lets loose its serpents
time like a snail spitting rot
on the absences.

1 DE DICIEMBRE

En memoria de Paula Jorge Vela

La milpa juguetea con el viento
en su ritual matutino
ella sorbe café junto a su prole
se preparan a la tapisca del maíz
le llama
la voz se estremece en sus ojos crispados
no le vio venir
machete en mano el tiempo
le asestó cantidad considerable
de desprecio
se desploma y sin gemir
levanta un brazo se santigua
es la voluntad de dios
susurran los curiosos
monte adentro
tres pequeños se cubren de neblina.

DECEMBER 1ST

In memory of Paula Jorge Vela

The cornfield frolics with the wind
during its morning ritual
she sips coffee next to her offspring
they prepare themselves for the corn harvest
he calls her
voice trembling in his strained eyes
she did not see him coming
with machete in hand time
delivered a sizeable amount
of contempt
she collapses and without making a sound
lifts her arm   crosses herself
it is god's will
whisper the curious
up in the hills
three little ones are enveloped by fog.

10 DE DICIEMBRE

En memoria de Leyla Quintana

Ayer acarició tu rostro
sus dedos sobre la hoja del libro
despacito sintiéndote
viéndote murmurándote
ahí estás Elena
y ella derrama sus lágrimas
sobre tu sonrisa
devuelta desde la fotografía.

Vos y multitud de vidas
llevadas al abismo presente
palabras inconclusas
pecho adentro
lacerantes puñales de esperanza
enterrados bajo la piel adolorida
cobijada en esta larga noche
que no acaba.

No querida
aún no tenemos un país
a la medida de su pueblo
no estamos ni cerquita
de lo que intentaste
de lo que intentamos

DECEMBER 10TH

In memory of Leyla Quintana

Yesterday she caressed your face
her fingers touching the pages of the book
slowly feeling you
seeing you whispering you
there you are Elena
and she sheds tears
upon the smile
your photo returns to her.

You and a multitude of lives
taken to the present abyss
unfinished words
deep in the heart
excruciating daggers of hope
buried in aching flesh
sheltered in this long night
with no end.

No, dear girl
we still do not have a nation
suited to its people
we are nowhere near
what you strove for
what we strove for

y la sangre joven corre
desmedida
alocada sobre los andenes.

No amiga
la mayor parte de las veces
no sonreímos
pero cuando hay chance
nos reímos a carcajada limpia
contagiamos alegría
vamos venimos
nuestra poesía
es llevada por el viento.

No hermana
No hemos sobrevivido veintitantos años
para caer en la zozobra del desencanto
en la mudez del miedo
en la indiferencia del terror

Te abrazo
claro que te extraño
claro que te vivo
claro que hay noches que no terminan
desde hace tanta ausencia.

and young blood flows
incessantly
wildly on the sidewalks.

No, my friend
most of the time
we do not smile
but when we get the chance
we laugh uncontrollably
we spread joy
we come   we go
our poetry
carried by the wind.

No, sister
We have not survived for twenty-odd years
in order to be undone by despair
by the silence of fear
by the indifference of terror.

I embrace you
of course I miss you
of course I live in you
of course there are nights that have no end
since such a long absence ago.

12 DE DICIEMBRE

A Marlene Catalina Ponce

Burlona justicia
que golpea nuestros vientres
confirma decisiones impecables
engalana signos ortográficos
mientras dicta la resolución
con paciencia y desenfado
toma   libertad   tiempo
entre sus dedos
aprisiona en plenitud toda esperanza.

Lógica jurídica precaria
evadiendo la evidencia creciente
de nuestra pobreza
nuestra falta de arraigos laborales
nuestra inexperiencia involuntaria
no hay terruño en las laderas
donde estampar calificativos
propietaria   poseedora   usurpadora
porque originariamente
sólo acreditamos la miseria.

La justicia pasa sus controles
evalúa documentos   actuaciones
cómodamente instalada en su despacho.

DECEMBER 12TH

To Marlene Catalina Ponce

Scornful justice
that assaults our wombs
endorses impeccable verdicts
embellishes diacritics
while it renders the ruling
with patience and nonchalance
freedom   takes   time
it completely shackles all hope
with its fingers.

Precarious legal logic
eschews the growing evidence
of our poverty
our lack of evidence of employment
our involuntary inexperience
there is no plot of land in the hillsides
on which to affix qualifiers
proprietress   landlady   usurper
because in the beginning
we were only credited with misery.

Justice imposes its checks and controls
it evaluates documents   behaviors
while comfortably sitting in its office.

Marlene espera
los barrotes por frontera
de su vientre lacerado pende la doble moral
que estigmatiza su agonía.

La técnica jurídica discurre
los razonamientos
miseria joven mujer muerte
sangre dolor mujer muerte
miedo   aborto mujer muerte
la justicia estampa su sello lapidario.

Marlene waits
bounded by the prison bars
from her mutilated womb hangs the double
        standard
that stigmatizes her agony.

Legal expertise considers
the arguments
indigence young woman death
blood pain woman death
fear abortion woman death
justice affixes its lapidary seal.

24 DE DICIEMBRE

En memoria de Fernanda

Alzo la voz
su potente grito inconcluso
desgarra mi faringe
que desfila entre las manos
de quienes no olvidan
anduve
estas calles anduve
entre minifalda y corsé
entre mangos y canastos
entre risas y llanto
anduve en el ojo lacerado
en el labio amoratado
en el rostro despedazado
entre las líneas de tu libro me colé
en las aulas en los burdeles
la esquina inédita del sexo
caminé
delinquí, lloré, reí
estacioné mi agonía
en el zapato justicia
me pateó me sobornó me culpó
me dejó abandonada entre
miles y miles de huesos
en el silencio voy

December 24th

In memory of Fernanda

I raise my voice
its powerful unfinished scream
shreds my throat
as it marches among the hands
of those who do not forget
I walked
I walked these streets
among miniskirt and corset
mangos and baskets
laughter and tears
I walked in the lacerated eye
in the black and blue lip
in the shattered face
I snuck in between the lines of your book
in the classrooms in the brothels
in the unheard of corner of sex
I walked
I committed crimes, laughed, cried
parked my agony
in the shoe of justice
it kicked me   bribed me   blamed me
abandoned me amidst
thousands and thousands of bones
I go in the silence

en la mentira voy
en la desidia colectiva voy
en el silencio cómplice voy.

I go in the falsehood
I go in the shared apathy
I go in the complicit silence.

ACERCA DE LA AUTORA

Kenny Rodríguez (Quezaltepeque, 1969). Abogada graduada de la Universidad Centroamericana "José Simeón Cañas", Egresada de la Maestría en Estudios de la Cultura Centroamericana, opción Literatura, UES, poeta, escribe desde los diez años, en sus inicios sus escritos giran sobre la temática de la guerra en El Salvador.

Perteneció a los talleres literarios, "Shilut" de la Ciudad de Quezaltepeque, "Quirigua" grupo de poetas mujeres feministas, funcionando en la ciudad de San Salvador, Xibálba y "La Pinta" (Página cultural trabajada para el Suplemento 3000 del Diario Latino).

Ha organizado y participado en diversos recitales en colegios, institutos, universidades, casas de la cultura, encuentros de escritores a nivel nacional e internacional; ha participado como jurado calificador en diversos certámenes escolares de poesía y declamación. Participación en Sexto Coloquio Internacional de Latino Artists Round Table (LART) en The City College of New York Center for Worker Education, octubre de 2014.

Ha prologado dos libros de poesía: *Larga trenza de amor* (1994) de Amada Libertad (Leyla Quintana) y *"Tres destinos" (1996)*, antología de tres poetas, Soledad Molina. Amada Libertad y Roberta Quintana.

Ex presa política, estuvo organizada en el Ejército Revolucionario del Pueblo (ERP). Esposa del poeta mártir Amilcar Colocho, caído en combate en octubre de 1990. Su testimonio está incluido en el libro *Tomamos la palabra". Mujeres en la guerra civil salvadoreña* (1989-1992), Juana Ramos, Margarita Drago. (Editoras), 2016.

OBRA

Ha recibido las siguientes distinciones en la rama de poesía.

1991 - *Octubre vientos de muerte*. Primer Lugar Compartido en el Primer Certamen Nacional de Literatura Femenina "Dra. Matilde Elena López".

1994 - *A ustedes con dedicatoria*. Primer lugar de los Juegos Florales de San Miguel.

1994 - *Cárcel de mujeres*. Segundo Lugar en los II Juegos Florales Femeninos, Oficina de la Mujer de la Dirección General de Promoción Cultural.

1995 - *Provenir*. Primer Lugar en los V Juegos Florales Sonsonatecos.

1995 - *Amor invertebrado*. Segundo Lugar en el Primer Certamen Interuniversitario "Francisco Gavidia".

1995 – *Confesiones*. Segundo Lugar Compartido de los IV Juegos Florales de Santa Ana.

1996 - *Atardecer solitario*. Tercer Lugar en los V Juegos Florales Santanecos.

1997 - *Despojando al silencio*. Segundo Lugar de los VI Juegos Florales denominados "Manlio Argueta". Universidad de El Salvador. Facultad Multidisciplinaria Oriental.

2015 - *Gris melodía de invierno*. Tercer Lugar del Cuarto Certamen Literario de cuento y poesía "La Flauta de los Pétalos 2015", organizado por el Centro de Estudios de Género de la Universidad de El Salvador.

2018 - *Una mujer cuelga del calendario*. Seleccionado en la segunda convocatoria abierta para publicación de Parafernalia Ediciones Digitales con el apoyo del Centro Cultural de España en Nicaragua.

MENCIONES DE HONOR

1996 - *Dentro de la piel*. Mención de Honor en los IV Juegos Florales de Usulután.

1997 - *Concierto para Eva*. Mención de Honor en Certamen de Poesía Femenina Salvadoreña "Matilde Elena López".

2008 - *A Lars*. Poema Finalista del III Certamen de Poesía Erótica Internacional Buho Rojo. Marqueze Telecom S.A.

LIBROS PUBLICADOS

Una mujer cuelga del calendario Chifurnia Libros. 2020 Colección ARS vivendi volumen 02. ISBN 978-99961-2-278-1

Cárcel de mujeres Luna Insomne Editores. Santo Domingo, República Dominicana, 2018. ISBN 978-9945-8-0268-9

Concierto para Eva I y II Antología Proyecto Editorial
La Chifurnia, San Salvador, mayo 2016
Concierto para Eva. Antología, La Cabuda Cartonera,
San Salvador, marzo 2016

Libro secreto. Volumen 10 de la colección *Amaranthus*
del   Proyecto   Editorial   "La   Chifurnia",
Quezaltepeque, Diciembre 2011

Cárcel   de   mujeres.   Antología   del   proyecto
"Fortalecimiento de la Identidad del Municipio de
Quezaltepeque a través del arte y la cultura.
Fundación Quino Caso/MINED, Septiembre 2011.

Cuarto creciente. Antología La Cabuda Cartonera, San
Salvador, 2009

PLAQUETES

Tu   deseo   me   muerde de   la   Colección
Eternoretornógrafo editados por el proyecto
editorial La Chifurnia. Noviembre de 2019.

Pequeñas cartas de Amor bajo su almohada de la
Colección Playa Sucia editados por el proyecto
editorial La Chifurnia. Marzo 2018.

Octubre. Volumen Cinco, segunda edición de la colección Palabra de Alto Riesgo. Proyecto Editorial La Chifurnia. Marzo 2015.

Dos Voces para un tiempo. Publicación artesanal con Susana Reyes en 1998.

ABOUT THE AUTHOR

Kenny Rodríguez (Quezaltepeque, 1969). She earned a law degree from the Universidad Centroamericana José Simeón Cañas, and a Master's degree in Central American Cultural Studies from the Universidad de El Salvador. She has been writing since the age of six; her early works deal with the topic of the war in El Salvador.

She has been a member of writers' workshops, including "Shilut" in the City of Quezaltepeque, "Quirigua", a group of feminist poets working out of El Salvador, "Xibalba", and "La Pinta" (a cultural page for the *Diario Latino's* Suplemento 3000).

She has organized and participated in recitals at schools, institutes, universities, cultural centers, and writers' gatherings at the national and international level. She has served on the juries for several poetry and declamation contests. She participated in the Sixth International Colloquium of Latino Artists Round Table (LART) at the City College of New York Center for Worker Education in October 2014.

She has written the prologues for two books of poetry: *Larga trenza de amor* (1994) by Amada Libertad (Leyla Quintana) and *Tres destinos (1996)*, an anthology of the work of the poets Soledad Molina, Amada Libertad, and Roberta Quintana.

She is a former political prisoner, having participated in the *Ejército Revolucionario del Pueblo* (ERP). Her late husband, the martyr Amílcar Colocho, died in combat in October 1990. Her testimony is included in *Tomamos la palabra. Mujeres en la guerra civil de El Salvador* (1989-1992), edited by Margarita Drago and Juana M. Ramos (2016).

Among her publications are the following:

BOOKS

Una mujer cuelga del calendario. Colección ARS vivendi volumen 02. Chifurnia Libros, 2020. ISBN 978-99961-2-278-1

Cárcel de mujeres. Luna Insomne Editors. Santo Domingo, Dominican Republic, 2018. ISBN 978-9945-8-0268-9

Concierto para Eva I y II (anthology). Proyecto Editorial La Chifurnia, San Salvador, May 2016.

Concierto para Eva (anthology). La Cabuda Cartonera, San Salvador, March 2016.

Libro secreto. Volume 10. Colección *Amaranthus*. La Chifurnia. Quezaltepeque, December 2011.

Cárcel de mujeres, anthology of the "Fortalecimiento de la identidad del Municipio de Quezaltepeque a través del arte y la cultura" project. Fundación Quino Caso/MINED, September 2011.

Cuarto Creciente (anthology). La Cabuda Cartonera, San Salvador, 2009.

CHAPBOOKS

Tu deseo me muerde. Colección Eternoretornógrafo. La Chifurnia, November 2019.

Pequeñas cartas de amor bajo su almohada. Colección Playa Sucia. La Chifurnia, March 2018.

Octubre. Volume Five, second edition. Colección Palabra de Alto Riesgo. La Chifurnia, March 2015.

Dos voces para un tiempo, artisanal publication in conjunction with Susana Reyes, 1998.

ACERCA DE LA TRADUCTORA

Diana Conchado es profesora de español y literatura de los Siglos de Oro en Hunter College, City University of New York. Además de la literatura áurea, sus intereses académicos abarcan la traducción literaria, la literatura gallega y el estudio de herbolarios renacentistas.

ABOUT THE TRANSLATOR

Diana Conchado teaches Spanish and Golden Age literature at Hunter College, City University of New York. In addition to the *Siglos de Oro,* her research interests include literary translation, Galician literature, and Early Modern herbals.

ÍNDICE

Una mujer cuelga del calendario
A Woman Hangs from the Calendar

Colección
Sobrevivo
Poesía social
(Homenaje a Claribel Alegría)

Colecciones
Poesía

CRUZANDO EL AGUA
Poesía traducida al español
(Homenaje a Sylvia Plath)

CUARTEL
Premios de poesía
(Homenaje a Clemencia Tariffa)

LABIOS EN LLAMAS
Opera prima
(Homenaje a Lydia Dávila)

MUNDO DEL REVÉS
Poesía infantil
(Homenaje a María Elena Walsh)

MUSEO SALVAJE
Poesía latinoamericana
(Homenaje a Olga Orozco)

PARED CONTIGUA
Poesía española
(Homenaje a María Victoria Atencia)

PIEDRA DE LA LOCURA
Antologías personales
(Homenaje a Alejandra Pizarnik)

PREMIO INTERNACIONAL DE POESÍA
NUEVA YORK POETRY PRESS
Obras galardonadas
(Homenaje a Alejandra Pizarnik)

MEMORIA DE LA FIEBRE
Poesía feminista
(Homenaje a Carilda Oliver Labra)

SOBREVIVO
Poesía social
(Homenaje a Claribel Alegría)

TRÁNSITO DE FUEGO
Poesía centroamericana y mexicana
(Homenaje a Eunice Odio)

VEINTE SURCOS
Antologías colectivas
(Homenaje a Julia de Burgos)

VÍSPERA DEL SUEÑO
Poesía hispanounidense
(Homenaje a Aida Cartagena Portalatín)

VIVO FUEGO
Poesía esencial
(Homenaje a Concha Urquiza)

Colecciones
Narrativa

INCENDIARIO
Novela y Cuento
(Homenaje a Beatriz Guido)

SUR
Ensayo
(Homenaje a Victoria Ocampo)

DESARTICULACIONES
Otros discursos
(Homenaje a Sylvia Molloy)

Para los que piensan, como Vicente
Huidobro, que *el poeta es un pequeño
Dios,* este libro se terminó de impri-
mir en el mes de april de 2023 en los
Estados Unidos de Amé

www.ingramcontent.com/pod-product-compliance
Lightning Source LLC
Chambersburg PA
CBHW022008090426
42741CB00007B/937